Rorik Dupuis Valder

L'ABRI DE SIGNES

Couverture : Henri Pontoy, vue de Rabat et Salé

Fin août, après la deuxième fauche de la saison, tu trouves aux faucons postés sur les bottes de foin un air pensif.

Un air préoccupé.

Les prédateurs en viennent à ignorer leurs proies.

Quelque chose se prépare.

⁂

Les sentinelles de la canopée songent et planent à hauteur d'enfant, s'exposant royalement à la poussière de blé.

Il y a dans ton cynisme une insoluble tendresse.

La déception d'une minutie incomprise.

L'œil intransigeant du faucon te console de la grossièreté des hommes.

De ses longues plumes zébrées, collectées au hasard de tes marathons, tu te bâtis une citadelle d'espoir et de précision.

Ta voix en ré mineur flotte comme une caresse dans l'air, m'enveloppe de sa chaleur anarchique, me pénètre.

Elle me délivre de la peur des systèmes et de mon éternel conflit avec le temps.

Il faut savoir attendre, me dis-tu en un souffle.

N'est-ce pas la conscience du temps qui mène à l'urgence de la création ?

⁂

Peur et passion sont nos moteurs.

De la peur de l'altération naissent les œuvres.

De la passion des histoires naissent le couple, la civilisation.

Nous sommes des êtres de précision.

Des êtres de narration.

Nous sommes fluctuation.

Nous aimons et bâtissons pour échapper à la peur du temps.

⁂

Entends-tu la rivière clapoter ?

Ou est-ce le crépitement des baisers ?

Sur la berge je me trouve nez-à-museau avec un chevreuil étourdi.

Dans ses bois facétieux se sont emmêlés des rubans de balisage.

Il rétablit l'anarchie.

Livrant les promeneurs à leur instinct.

Aux lois du flair.

⁂

Je baise tes pieds brunis par la terre et le soleil d'automne.

Tes longs mollets galbés, formés par les reliefs de la région.

Ils ont le goût de l'argan, d'un agrume inconnu.

Ils ont le goût de nos chemins secrets.

De l'éternité à deux.

⁂

Ton souffle dans mon oreille se transforme en mots.

Mots incertains que ton accent enveloppe d'une irrésistible audace.

Je me perds dans le détail de ta beauté nubienne.

Beauté anguleuse, aux nerfs palpitants, révélée par la lumière du sous-bois.

Un rayon te désigne au travers des vitraux d'eucalyptus.

Faisant couler la sueur le long du flanc en traînées d'argent.

Nous communions précipitamment sous les cris avisés du faucon.

⁂

Au pied d'un chêne-liège je ramasse deux plumes de geai.

Je les glisse fébrilement dans une enveloppe à ton nom.

Avant de la sceller, j'y ajoute *in extremis* quelques mots de métaphysique amoureuse.

⁂

Nous disputons une partie de ping-pong dans un square parisien.

Je te forme au geste.

Du pont Alexandre III aux galets de l'oued, la traversée est radicalement la même.

Seules varient les volontés de transformation.

De l'idée et de la matière.

⁂

Je te dis que j'ai deux amours : toi et Paris.

Alors tu te mets à jalouser Paris.

Mais Paris est un idéal.

Je l'aime comme une perspective.

Toi, je t'aime comme un fou.

Comme un fou qui croit en Paris.

⁂

En scellant l'enveloppe les doigts tremblent.

Ne connaissant pas assez précisément ton adresse, je confie mon message aux bons soins du gérant de café le plus proche de chez toi.

Combien de fois ai-je pénétré ta rue sans en avoir relevé le nom ?

Combien de fois avons-nous arpenté ces pavés sans penser que l'orgueil pouvait un jour nous séparer ?

⁂

Je nous vois réunis en rêve, nous transportant en un instant de distraction des gorges du Dadès au boulevard du Montparnasse, embrassant toute proposition de paix minérale.

Au cœur du douar ou de Paris, c'est au goût des histoires qu'on retourne.

À la nécessité d'attribuer un sens ou une couleur aux évènements.

Car nous concevons et bâtissons notre paix arbitrairement, à la faveur d'outils éternellement manuels, trop capricieux pour être dignes du chantier collectif.

Notre paix se refuse aux travaux de la machine : elle exige le souffle et la sueur de l'âme.

Et la civilisation n'est qu'un assemblage hasardeux d'histoires et d'inventions.

⁂

Dans le déclassement forcé je trouve le plus gratifiant des privilèges : celui de te faire voir les trésors du Louvre pour la première fois.

Je t'aime pour cette idée de l'insolence que tu partages avec la statuaire antique.

De la contemplation des sarcophages tu tires une aspiration nouvelle à l'intemporalité.

Être présent sans l'être, voilà qui sonne comme le défi d'une vie.

Dans l'œil cristallin du Scribe se noient tous les regards du monde, les plus doux comme les plus inquiets.

Mais l'inquiétude doit se lire comme une incompréhension obsédée de la violence : elle se dissout avec la connaissance de l'autre.

L'œil du Scribe est, pour chacun de nous, en chacun de nous, juge universel et conquête de précision.

Tandis que la ville produit ses esclaves et ses malades, les abrite et les nourrit suffisamment pour qu'ils n'aient pas trop à s'en plaindre, nous nous échappons le plus discrètement possible.

Éclaireurs espiègles ou gardiens de l'esprit, nous fendons la foule à contre-courant.

Elle est en marche pour la prosternation, répondant consciencieusement à l'appel de l'autorité, rassurée par le rituel et toujours séduite par les certitudes du système.

Elle joue à se désincarner, s'abandonnant aux dogmes jusqu'à l'absurde, alimentant fièrement le mythe de l'être collectif ; se servant de l'instinct grégaire comme d'un bouclier de paresse.

Tu défends l'esprit comme on défend un gangster de haut vol, qui n'a à se reprocher que d'avoir pillé les pilleurs.

Qu'est-ce que l'esprit sinon aller à rebours de la foule aveugle ?

Faire acte de présence, entre la désinvolture et l'obsession, devant toute tentative de domination, de généralisation.

Brader l'autorité aux enchères de la rigolade et taquiner de fantaisies créatives l'imbécile heureux, congénère intellectuellement désarmé par un système qui substitue la facilité des croyances à l'effort de l'éducation.

On voudrait l'éduquer à l'indépendance qu'il prendrait cela pour une atteinte à son petit équilibre.

On voudrait lui apprendre à penser qu'il voudrait nous apprendre à nous mentir.

Pour davantage de confort.

Le progrès, en effet, n'est-il pas le confort de l'être par l'avoir ?

⁂

J'ignore si mon courrier est bien arrivé.

Jusqu'entre tes mains.

Je le crois.

Si j'en juge à la visite des oiseaux ce matin.

Visite tendre et décidée des rouges-gorges dans mon appartement.

Pourquoi chercher à savoir ?

Pour se blesser avec la formalité restrictive d'une réponse ?

Après tout, il y a parfois dans le signe une vérité plus désirable.

Et que sont ces curieux oiseaux sinon des porteurs de signes ?

De sens ?

J'ai dans mon appartement toute une faune organisée que je tolère pour son respect de mes horaires.

Les geckos y chassent le cafard, et les araignées la fourmi.

Mes petits compagnons m'ont appris à les épargner.

Car ceux-ci se débrouillent très bien sans moi.

C'est là, encore une fois, l'œuvre du temps.

Quant aux oiseaux qui s'invitent gaiement chez moi, pour un bonjour ou une inspection, je crois savoir qu'ils se réclament de ta pensée.

Tu te façonnes un monde pour te protéger du monde.

Mais en quelle mesure l'imagination anticipe-t-elle le réel ?

As-tu le pouvoir de faire advenir l'évènement, ou l'évènement est-il par nature soumis au règne de l'arbitraire ?

Nous faut-il invariablement nous consoler dans l'approximation ?

Non, non, la volonté, me dis-tu, triomphe de toutes les déceptions.

Mais alors, donne-t-on un sens aux choses une fois qu'elles se sont produites — auquel cas tu verrais l'homme comme un assembleur, un créateur d'histoires —, ou bien les choses contiennent-elles intrinsèquement un potentiel signifiant, une prédisposition à s'assembler entre elles pour s'imposer de façon autonome à la pensée ?

Car dans les deux cas, seul le temps est juge de la validité du sens, que ce dernier soit produit ou déterminé.

Car les histoires de la vie nourrissent les histoires de l'imagination et vice versa.

Car nous ne faisons qu'interpréter, suivant une certaine foi en notre interprétation.

Mais comment intègres-tu l'évènement personnel à l'évènement collectif ?

Ton monde au monde ?

Tu t'étonnes de la nudité de mon appartement.

Je te dis que les meubles m'encombrent.

Qu'ils me limitent dans mes mouvements, dans mes pensées.

Vois plutôt comme mon appartement s'habille de lumière et de musique.

Tu y danses en célébrant sa nudité.

Tu t'accoudes langoureusement, dangereusement, à ses fenêtres.

Regarde, au loin, les vagues qui déferlent au pied de la kasbah.

L'océan est aujourd'hui d'un bleu acier : c'est la couleur que tu lui préfères.

Ce bleu profond, orageux, que tu dis retrouver en concentré acide dans mes yeux.

Caresse corrosive du regard, tu t'approches et prétends que je t'ensorcelle.

Autour de la pupille le bleu se mue en vert, il le contient comme dans l'océan agité.

Te souviens-tu de cette soirée d'été où nous pilotions ton cerf-volant sur la plage ?

Je l'ai fait décoller puis t'en ai confié les rênes.

C'est à ce moment que j'ai su.

Et toi, à quel moment as-tu réalisé que nous avions une histoire à partager ?

Tu pars du principe que chacun veut et doit être sauvé.

Sauvé de lui-même et des autres.

Sauvé de l'emprise de la machine.

Pour un idéal d'indépendance à chercher dans la poésie.

La poésie se rebelle contre la machine, contre tout système.

La poésie est le refuge de l'esprit.

Notre dernier espace d'intimité.

Elle convertit les signes en réalités et forme le couple.

Elle fait de l'amour à deux une réussite politique.

Nous parlons le même langage : celui qui s'affranchit des systèmes.

Et pourtant, pour être compris de l'autre il faut bien s'en faire comprendre.

Au moyen de signes intégrés à un système commun.

Mais le langage de la passion dépasse celui des hommes.

Il naît de la reconnaissance des oiseaux, de leur amitié signifiante.

⁂

Tu me surprends à regarder encore ma montre.

Je te fais part de ce rapport conflictuel au temps que je traîne depuis l'enfance.

Mais avec toi il ne compte plus, sache-le.

Ton temps me guérit.

⁂

Te souviens-tu des goûters d'automne sur le toit-terrasse, du raisin et des kounafas ?

Te souviens-tu quand nous nous sommes abrités sous la grande porte de la médina à la première averse de la saison ?

Nous avons alors entamé une discussion sur la croyance et la création comme réponses à la peur du vide.

Elle s'est poursuivie quelques mois plus tard, à l'ombre d'un acacia, et tu as admis la volonté comme le combustible nécessaire au feu des évènements.

Tu m'as dit que j'ai changé ta vie parce que je t'ai appris à vouloir.

Je réalise que c'est la plus belle des reconnaissances que l'on pouvait m'offrir.

⁂

Je te regardais jouer au volley, je t'aimais au point de ne plus tolérer aucun coéquipier à tes côtés.

Et la nuit venue, une dispute a éclaté sous le gros figuier qui borde le terrain.

Puis le silence s'est fait.

Alors j'en suis venu à me demander : quelle différence entre agir, faire et créer ?

Entre le cri, la parole et le chant ?

Quel est le moteur de chacun d'eux ?

Leur origine organique ?

⁂

Si la conscience de soi amène la peur de l'altération de soi, c'est cette peur qui gouverne l'action créative ; le produit de l’effort permettant la satisfaction de soi et donc la compensation de cette peur.

Ainsi, l’effort d’élévation serait la réponse à la fois sensuelle et idéale à la peur de l’altération.

L’on ne se connaît qu’à travers l’effet né du produit de son effort.

À travers sa capacité de transformer l’idée en objet par sa volonté de précision.

Par sa volonté de fidélité de l’objet à l’idée.

Chacun de nous devant *se réaliser* pour gagner la liberté de la connaissance.

Ou la connaissance de la liberté.

⁂

Au pied d’un grand pin parasol chatoient de fines plumes de guêpier.

Lorsqu’on les saisit elles s’animent.

Portées à la lumière elles semblent provenir d’un autre monde.

Leurs reflets irisés, au bleu-vert insaisissable, témoignent d’une réalité extra-organique.

D’une vie lointaine et secrète au-delà de la matière.

Elles sont la caution du rêve.

Cette petite plume cordiforme aux reflets pourpres, est-ce toi qui l'as glissée sous la porte d'entrée de mon appartement ?

Ou est-ce ce vent venu de l'Est ?

⁂

On prétend vouloir provoquer les hasards, mais un hasard provoqué n'est plus complètement un hasard.

Il devient le fruit d'une volonté.

Et révèle la nécessité d'un homme.

⁂

Sur le littoral ou dans la garrigue, je ne sais plus.

Foreland ou hinterland, tout cela est confus.

Il y a ce chêne-liège paternel, aussi tortueux que l'espoir qui m'anime, et ton odeur mêlée aux parfums de l'immortelle.

Un étourdissement, tu me retiens.

Mais tu n'es pas là.

⁂

Je te rencontre en rêve cette nuit, à la lueur d'un réverbère.

Dans la ville médiévale, sur la promenade des marronniers, en contre-haut du fleuve.

La pluie a cessé.

Seul nous parvient le son du courant.

Ton visage s'est assagi.

Ou est-ce le mien ?

Les mots ne viennent pas mais les regards se chargent, luisant d'un indicible soulagement.

Il y a si longtemps que nous ne nous sommes pas vus, respirés.

Je te laisse la première parole car il me semble en avoir trop dit lors de notre dernier échange.

Tu voudrais m'emmener quelque part sur les hauteurs de la ville.

Je te suis.

⁂

Abri de signes, citadelle de plumes, la demeure poétique résiste à tout assaut.

Elle est ce temple éphémère, invisible, que nous consacrons à l'orage de nos retrouvailles — ici ou là sur le chemin de nos volontés synchrones défiant le hasard.

Le hasard est dépassé, conquis par l'évidence, sa propre évidence à venir.

Il ne trahit pas.

Si les visages perdent de leur netteté, si les voix s'éraillent, la douceur est toujours aussi vive.

Radicale douceur du souvenir, de ta longue main brune sur mon avant-bras.

Et les signes que nous recevons, nous les convertissons en éléments narratifs, nous leur donnons corps, les connectons dans la combinaison amoureuse.

Et le signe est sublimé, confirmé par la coïncidence de nos pensées.

Il prend vie dans l'espace et le temps que nous dédions sportivement à notre histoire secrète.

Dans notre univers sans mots.

Nous sommes les athlètes de l'esprit, les embrasseurs de signes.

Nous romançons l'attente pour ne plus la subir.

Combattons la distance de l'un à l'autre.

Un balcon en Méditerranée, tu t'exposes à la poussière d'or.

Je te dessine sous tous les angles, sur toutes les surfaces disponibles.

La nudité te va si bien : elle te donne cette fabuleuse autorité, tout à la fois sauvage et princière, que mon crayon s'épuise à reproduire en flammes mythiques.

Tu t'approches pour mettre fin à la séance de dessin, le regard et le souffle ont changé.

Je baise ton pied.

Ton mollet.

Ta cuisse.

Me parviennent les parfums maritimes de ton sexe, offert comme un trophée.

L'haleine terreuse de ton entrejambe, le doux fumet se dégageant de la forêt de poils.

Le long d'une veine pubienne je retrouve les saveurs citriques de ta peau.

Nos corps suintent amoureusement sur le papier, brouillant insolemment le carbone et l'encre de Chine.

Regarde comme la ville nous conditionne, nous livrant à un monde de petits calculs artificiels.

Regarde ce qu'elle produit comme salariés psychotiques, comme sorcières et envieux de tous genres.

Regarde comme l'habitude contient les gens, les absorbe.

Ce conformisme qui les enlaidit, les asservit, les robotise.

Le prêt-à-penser ravageur, s'insinuant dans les gestes et les foyers connectés comme un anesthésiant d'État, un poison social.

On aime et on vit par procuration, par écrans interposés, sans expérience ni fierté à tirer de son engagement ; on se divertit misérablement, sans goût, sans intention.

L'effort est de trop, l'initiative est suspecte.

Chacun court après l'opportunité de vendre ce qu'il lui reste d'âme ; après la garantie de servir de chair à patron plutôt que de chair à canon.

Chacun court après le privilège de pouvoir prétendre au suivant.

Et le privilège est un piège : il déshumanise, rend malade, au profit d'une image, d'un statut à faire valoir.

Le sens de l'effort n'est plus ; seule compte la malheureuse satisfaction d'une réputation virtuelle.

On méprise l'artisan, le paysan, le chercheur et le diseur de vérités ; et l'on décore les plus serviles d'entre tous, les complices à demi conscients du crime de masse organisé.

S'il vous plaît, ne m'incluez plus dans votre projet de société morbide, dans vos manœuvres et vos évaluations, vos petits et gros mensonges ; je sors de ce jeu pour escrocs et vous laisse mon silence de loup, rebelle et solitaire.

Toi, tu ne perçois pas le temps comme une contrainte.

Tu es ce chat superbement distrait, ou radicalement facétieux, qui fait s'arrêter le train pour traverser la voie le plus tranquillement du monde, rayonnant d'indépendance et de désinvolture.

Tu ne perçois pas le temps comme une contrainte mais comme un moyen — le moyen de s'élever à hauteur de soi.

Toi, tu m'aimes avec ma temporalité.

Aimer l'autre, c'est en comprendre et en accepter la temporalité.

Tu fais de mon temps un fleuve exotique où l'assurance de l'amour le dispute à l'amour du risque.

Tu es là, dans ma barque, aussi charmant et bizarre que ce chat — plein d'une humanité perdue.

Fuir le bruit : celui des moteurs qui déloge les couples de tourterelles perchés sur les réverbères.

Celui des promesses et des bavardages, des formules aimables qui ruissellent péniblement dans les caniveaux à chaque rencontre.

Le bruit des mendiants qui sagement se lamentent ; celui des parvenus au rire gras et aux membres tombants.

Le bruit de la fortune et de la misère jouées, figurées.

Fuir le bruit de l'image, de la réputation ; n'écouter plus que les mouettes venir aux nouvelles de la culture, se rire du petit théâtre de convenances et de rébellions autorisées — et blaguer un peu avec elles.

Amour de la ville inconnue qui revient périodiquement en rêve ; ville paisible aux façades ocre, aux habitants secrets.

Opéra, jardin botanique et terrains de sport.

Silence résidentiel.

Boutiques en fête.

Grandes places dallées aux fontaines conquérantes.

Demander son chemin dans la ville sans nom.

S'y perdre sans regret, avoir confiance en ses métamorphoses.

Tendresse particulière pour le jeune camé, pour le vieux schizo : retrouver en eux un peu de soi.

Les aimer pour leur démission complète, pour leur pacifisme antisocial.

Vouloir les aider, leur nouer des bracelets d'espoir.

Enrichir leur monde parallèle d'urgences créatives.

Mirages politiques et leurres littéraires.

L'intérêt général n'existe qu'à travers l'intérêt particulier de celui qui l'énonce.

L'orateur est foncièrement malhonnête : il ne fera toujours que recycler la mythologie rassurante du génie collectif dans un souci d'égalité ou de charité envers la majorité privée du génie individuel…

Il n'y a pas d'être collectif pour la seule raison qu'il n'y a pas de volonté collective.

Il y a simplement des individualités qui s'imposent — aidées d'autres individualités, volontaires ou sous emprise.

La nature étant profondément inégalitaire, c'est à l'homme de raison de sacraliser la protection des êtres les plus vulnérables.

C'est à l'homme de raison de responsabiliser son prochain, de l'autonomiser.

Sans quoi les prédateurs, invariablement, se serviront du motif fallacieux de l'intérêt général pour servir des intérêts tribaux et personnels avant la moindre considération morale.

Toute décision est totalitaire.

Et au lieu du totalitarisme intéressé, c'est le totalitarisme inspiré qui permet le progrès.

La dictature n'étant possible que par les lois du mimétisme.

Politique des artifices.

Vous vous trompez : le progrès n'est pas dans le confort mais dans la fin des violences.

Il n'est pas dans l'accord de tous mais dans l'autonomie de chacun.

Car le confort mène à la paresse, et la paresse à l'ignorance.

Puis dans l'ignorance vient l'asservissement : la soumission à plus influent que soi, aux lois dépersonnalisantes du groupe.

Sourde ou manifeste, la violence se répand dans le confort comme dans la misère.

Et votre progrès n'y peut rien.

Une religion en chasse une autre, une habitude en remplace une autre.

L'on exploite les besoins de sacralité, d'autorité et de ritualité chez l'individu pour en faire des demandes collectives et des nécessités systémiques.

Par la littérature de masse, par la tradition ou l'anti-tradition, celui-ci trouve un peu de certitude dans l'appartenance au groupe.

Quitte à sacrifier un peu de sa dignité.

Le succès persistant des croyances montre à quel point l'homme a besoin d'irrationnel pour se rassurer et atténuer les petites et grandes déceptions de la vie, soulager peurs ordinaires et incompréhensions obsessionnelles.

Il montre à quel point l'homme est réticent à l'idée de se faire entièrement confiance, craignant son autonomie comme il craint son exclusion : l'exclusion d'un groupe soumis à des dogmes plus ou moins prégnants, engagé dans la reproduction d'un certain folklore social ou communautaire, au nom d'une tradition — quelle qu'elle soit — héritée.

Balayer le doute, voilà ce qui lui importe.

Mais la foi en la chose n'est jamais que la foi *en l'idée de la chose*.

⁂

Déclinaisons infinies d'un même rêve.

Des pièces en enfilade, d'un château, d'un musée, d'une pension ou d'un grand magasin.

Progression forcée, comme un appel à la patience et l'assimilation. Pas de retour en arrière possible, car une fois traversée la pièce s'éteint ou devient *autre*.

Deux solutions envisageables : parvenir au plus vite, sans réflexion, à la sortie du bâtiment, ou retrouver un ami (un rendez-vous a-t-il été fixé ?) dans l'une des pièces et continuer la progression à deux.

Dans la République des Corsaires la grâce nous a liés.

Regards éloquents, regards impérieux ; ton français approximatif me charme — il est d'une hésitation appliquée.

Amitié de ta syntaxe pleine de courage et d'originalité ; il y a dans le timbre de ta voix les couleurs d'une île inexplorée.

Tes mots voyagent en moi comme autant d'effleurements ambigus.

Tu suspends mon temps.

Sur le chemin de la plage nos haleines se mêlent pour la première fois.

Je me fais à tes humeurs salétines et tu te fais à mes humeurs périgourdines.

Pain aux graines de fenouil, miel d'oranger, thé à l'absinthe — chaleur de ton oreille et de ta tempe frôlées.

Nuits agitées en nous attendant l'un l'autre ; nous nous aimons à distance, dans la pensée et l'offrande solitaire.

Fusion télépathique des désirs ; je te sens dans mes draps, m'unis à toi dans l'absence.

Remous abdominaux partagés ; je t'entends gémir, ici et là.

Tectonique amoureuse, nous nous abandonnons aux secondes sismiques en prononçant le nom de l'autre comme un mantra dans l'agonie.

Citadins au teint grisâtre et à l'air suffisant, que cherchez-vous ?

Dans quel circuit infernal, quel programme grotesque se dissout votre savoir-faire ?

Je m'extrais de la ville, sans retour possible.

N'en garde que des rêves peuplés de chats.

Chats vicieux mais attachants, chats diogéniques à la démarche de voyou.

Fatalement, le charmant petit port de pêche a été transformé en marina pour nouveaux riches — comme on en trouve partout ailleurs à travers le monde dernièrement civilisé.

Du béton fonctionnel au béton récréatif.

Et tu voudrais te soustraire à la modernité ?

Mais qu'est devenue l'âme du petit port de pêche ?

De sortie dans le quartier de nos premières errances métaphysiciennes.

Je t'aperçois sur le trottoir opposé, tu fais rigoureusement mine de ne pas me voir.

Je me souviens d'une histoire de Saint-Exupéry comme ça, où deux vieux amis brouillés se croisent en s'ignorant, trop orgueilleux pour entamer le silence, avant que le *jardinier* n'intervienne en rattachant le fil rompu.

Nulle part je n'ai lu aussi belle histoire de réconciliation.

⁂

La ville m'intoxique, je ne la supporte plus.

Trop de visages à croiser, à oublier.

Trop de regards hostiles, de trajectoires fatales.

Je réalise que le coiffeur est mon seul contact avec le monde des hommes.

Je n'ai qu'un ami : le vieux fou aux grandes enjambées qui tous les matins réveille le quartier de ses prophéties.

Il effraie les femmes et les enfants mais son regard s'adoucit miraculeusement quand on ose le chercher.

Je te dis que j'aimerais me faire berger, fromager.

Tu voudrais me retenir encore un peu dans la vallée, la civilisation.

Ici je serai toujours *el gaouri*, l'étranger du Nord.

Mais peu importe si tu es là à me reconnaître comme l'étranger universel fuyant tout système.

Nous nous distinguons par notre goût du secret.

Par l'art d'entretenir les énigmes qui nous composent.

Nous nous sauvons par notre faculté d'oubli.

Car tout ce qui n'est pas poésie mérite d'être oublié.

Le temps guérit.

La musique guérit : elle traverse le temps.

Tu danses au rythme d'un morceau de blues irlandais que je t'offre comme un espace de révélations.

Tu m'entraînes et je cède à ta célébration, aux charmes de ton système.

⁂

Dans la rue les visages se confondent et finissent par tous se ressembler.

Des gens me saluent et entament la conversation : je ne les reconnais pas.

Des gens me sourient, me craignent, me toisent.

Je suis un chat errant.

Un gamin m'attrape et me porte comme un vulgaire fagot.

Une étudiante me séduit de ses promesses de goûter et m'étouffe de ses deux énormes mamelles.

Une autre étudiante se met à me coiffer affectueusement en pensant accomplir un acte responsable.

Un employé de banque émet des « pschtt » ségrégationnistes à mon encontre.

Une vieille bigote endimanchée feint de me donner des coups de pied pour quelque raison d'hygiène.

Je griffe et je mords tout ce que je peux.

Je proteste en les traitant de caricatures d'eux-mêmes car l'injure est un droit.

On me dispose cérémonieusement des croquettes sous le museau mais je me méfie.

On veut peut-être m'empoisonner pour ne plus voir ma carcasse d'anarchiste traîner dans les parages.

Et puis tu passes par là.

Tu m'aperçois et t'accroupis près de moi, le regard brûlant.

Tes longs doigts bruns me régénèrent tout entier.

Il y a quelque chose de radicalement humain dans ces doigts.

Ton humeur change, tu as l'air ailleurs.

Il y a des images dont tu voudrais te débarrasser.

Je prends ta tête entre mes mains.

Vois-tu ces flammes qui dansent en toi ?

C'est le feu de la vie : il réduit en cendres toutes les images indésirables.

Tempe contre tempe, nous communions.

Je suis l'effaceur, le chasseur de mauvais souvenirs.

Je ravive en toi le feu de la vie qui anéantit toute gêne.

Respire, respire, mon amour.

Sens-tu ce formidable pouvoir de destruction ?

Sens-tu le pouvoir incendiaire de la vie devant l'évènement de papier ?

⁂

Dévêtir le monde : chaque personne croisée ne doit être considérée que nue.

Il n'y a là ni jugement ni offense au secret.

Mais la vérité émane du corps.

De son éclat, de son odeur.

Connaître, c'est d'abord sentir.

Veut-on réellement connaître ?

Faut-il se contenter de corps travestis, d'esprits dissimulés ?

Broyer la machine, toutes ses répliques, tous ses représentants.

Incendier l'empire technologique jusqu'au dernier des neurones artificiels.

Faire la révolution de l'esprit à coups d'injures stoïciennes.

Donner au peuple le privilège de l'autonomie en lui insufflant le courage de la non-appartenance.

Courage de l'apostasie critique générale : familiale, sociale, confessionnelle et politique.

Enrayer toute tentative de communautarisme par l'obligation nihiliste.

Car quel est le sens de la communauté sinon de devoir payer pour les erreurs des autres ?

N'admettre aucune sacralité, aucune autre sacralité que celle de l'enfance.

N'admettre aucune autorité régnante, aucune autre autorité que celle des éléments.

Des catastrophes naturelles aux miracles personnels.

La Culture comme bouclier idéel face au chaos factuel.

Je laisse le monde à ses affaires de séduction et d'anti-séduction.

Je me glisse sous tes fenêtres, sous tes draps.

Je m'introduis comme la bête sylvestre de la fable.

Tu m'accueilles comme le gangster en cavale.

Je lèche tes aisselles, ta fleur carnivore.

Tu voudrais contenir le tressaillement mais il te trahit superbement.

Impossible orgueil, vaincu par le désir fou.

Il ne faut pas faire de bruit car le voisinage pourrait donner l'alerte.

Faire l'amour est un acte révolutionnaire.

Et la poésie le langage du dissident.

Dans un train de banlieue je me cherche une place assise.

Avec la foule ma vue baisse.

Mais je te reconnais instantanément, de dos, à tes épaules.

Tu offres ton profil, grave ou rêveur.

Te retourneras-tu avant la prochaine station ?

⁂

Théâtre du hasard.

Tu transformes mon temps en scènes et en actes.

Et toi, comment découpes-tu le tien ?

Vois-tu le scarabée qui traverse le sentier ?

Il porte le miracle de la renaissance.

Faisant d'une journée une vie.

Ton regard se fige, accroché par le jaune vif de la plume de chardonneret.

Tu la brandis comme une clé de notre histoire, une révélation copulo-narrative.

Tu dis que la plus belle chose au monde s'appelle *gratuité*.

Gratuité de la trouvaille et de son partage intime.

Gratuité du signe, de la récompense triviale du hasard.

⁂

Par l'insoumission et le déclassement faire l'expérience de la discrimination sociale.

Dans la dissidence et la précarité connaître l'intention véritable des gens vis-à-vis de soi.

Orages révélateurs, épreuves humaines sélectives : mesurer la sincérité des gens à l'aune de leur constance en situation de crise.

Exclusion, isolement, maladie : plus personne n'est là pour prendre de vos nouvelles.

Vous êtes le paria, l'ami perdu, oublié.

Vous ne présentez plus aucun intérêt aux yeux de ceux qui comptaient un peu sur vous pour les valoriser, favoriser leur petite ascension ou asseoir en quelque manière leur statut.

Vous avez renoncé aux privilèges, à la norme, à l'aménité de rigueur.

Vous n'en voulez à personne, à quoi bon ?

En revanche vous apprenez.

Et redoublez de vigilance pour ne pas basculer complètement du stoïcisme vers le cynisme.

Vous faites de l'esprit la condition de toutes les victoires.

⁂

Premier marqueur du sous-développement d'un pays, de la misère morale d'une société : l'incivilité.

Ici elle est la règle : il faut « savoir s'imposer », dit-on fièrement avec un sourire fataliste comme pour obliger le non-initié à se soumettre à la perversité du rite, à l'épreuve tribale de l'anti-courtoisie, compensée à l'occasion par une déférence hypocrite envers une autorité censément sacrée.

Sur la route, à la boulangerie ou dans les administrations, partout où la logique et l'ordre élémentaires sont les ferments de la concorde et les garants du bon sens, s'imposer en feignant d'ignorer les âmes alentour ; s'imposer en être socialement pulsionnel.

S'imposer par bêtise ou sournoiserie, peu importe tant que vous affirmez aux yeux du monde votre laideur égocentrique ; tant que vous entretenez de près ou de loin la culture moyenâgeuse du passe-droit.

Voyez-vous toutes ces claques pédagogiques qui se perdent ?

Toutes ces occasions manquées de remettre, au nom de l'intelligence collective, les sans-gêne et les lèche-bottes à leur place ?

Comment voulez-vous respecter l'autre sans vous faire respecter (et inversement) ?…

Enfin pourquoi sont-ce systématiquement les moins légitimes d'entre tous les premiers à s'imposer ?

Pouvoir se le permettre ou pas, telle est la question…

Le grand problème des gens est qu'ils ne savent pas s'arrêter et tombent immanquablement dans la faute de goût.

Plus ils cherchent à plaire, plus ils se rendent détestables.

⁂

Cette pluie a quelque chose d'irritant.

Elle sonne faux, rebute par sa mécanicité.

Sa temporalité n'a rien de naturel.

La fréquence et l'intensité de ses averses trahissent l'intervention grossière de l'homme.

On politise le ciel, on rentabilise les nuages.

Selon les lois sacrées du Marché.

Les apprentis sorciers qui nous servent de gouvernants se voient en technocrates du Déluge.

Mais quelle est la valeur poétique d'un moment passé sous une pluie artificielle ?

Quelle en est la valeur du souvenir ?

Si vous cherchez à me connaître, retenez cette devise qui est la mienne : *Tout doit être jeu.*

Les seules règles que je respecte sont celles de la langue.

Il n'y a de gravité nulle part, pas même dans l'idée de non-gravité.

Je suis l'éclaireur, le frayeur de chemins.

Empruntez-les s'ils vous tentent, et faites-nous part de vos exploits, de vos découvertes.

La poésie est là pour mettre tout le monde d'accord, croyants et cyniques.

La poésie est l'enfant terrible de la philosophie.

De l'ambition politique elle vous ramène à la sensualité.

Vous vouliez nourrir le monde et vous échouez sur un sein.

⁂

Toute notre vie durant nous sommes à la recherche de la *valeur sûre*.

La recherche de la *valeur sûre* est ce qui nous fait rester, partir, créer, espérer.

Il n'y a de gravité nulle part, pas même dans la fin de celui qui recherche.

Car votre recherche de la *valeur sûre* vous survit.

Pour peu qu'elle se soit nourrie d'honnêteté.

Elle est votre contribution, sensuelle et intellectuelle, au mystère de la civilisation.

La *valeur sûre*, par définition, ne se trouve pas : elle se cherche.

Et qu'est-ce que la civilisation sinon une communauté d'hommes qui rivalisent dans leur recherche de la *valeur sûre* ?

⁂

Il faut attendre la floraison des mimosas, me dis-tu.

Et nous pourrons parler.

Regarde comme l'étang aux hérons s'est rempli à nouveau.

Un gang de cigognes s'est invité sur nos talus devenus berges.

Je suis fait ainsi : matin nerveux et productif, après-midi sportive, soirée amoureuse.

Je suis un être de périodes.

Au souk, l'odeur des premiers melons de la saison me ramène à l'excitation enfantine.

Je me dirige vers l'étal du marchand le plus silencieux.

J'ai tout oublié, les visages, les noms, les fonctions.

Seule me revient du quartier l'image d'un chat ébouriffé déchiquetant une tête de poulet.

Des gens m'accostent, je ne les remets pas.

Ils ont d'énormes bouches, comme des gouffres qu'on aimerait combler de vérité.

Ils sentent mauvais, portent des parfums grossiers, agressifs.

Et lorsqu'ils comprennent qu'il n'y a rien à tirer de moi, ils s'en vont.

⁂

Je te dis qu'il faut réfléchir à ce qui se garde.

À ce qui traverse le temps.

Je te dis que nous devons choisir nos combats.

Non pas en fonction de la disponibilité des armes mais de leur durabilité.

Car certains combats sont des leurres, des occupations faciles, immédiates, devant l'ennui.

Nous n'avons pas à regretter ces combats-là car ils nous forment, mais nous devons apprendre à nous en passer.

À synthétiser notre volonté en quelques mots, en une formule.

Il ne faut pas complexifier les choses simples ni simplifier les choses complexes.

Nous sommes en dehors.

Nous nous soustrayons à toute évaluation.

À tout système binarisant, de sanctions et de récompenses.

Il n'y a aucune autorité idéologique qui vaille.

L'idéologie est religion et la religion est obsession.

L'obsession, pathologie.

Nous sommes des chats.

Et les chats ont un combat pour la vie : celui de la désinvolture par l'élégance.

⁂

Nous cherchons à nous définir socialement, politiquement, amoureusement.

Nous ne sommes rien.

Nous nous réclamons du ludisme.

Nous faisons de la vie un grand jeu.

Où rien n'est définitif.

Où tout est aventure.

À votre argumentaire nous opposons notre imaginaire.

Et à votre mépris notre esprit.

Les ludistes sont des gens de tradition et d'avant-garde.

Les ludistes sont des gens de paradoxes.

Ils voient le monde comme un terrain de sport.

Aux mines défaites et aux sourires carnassiers ils répondent par le geste.

Aux regards jaloux et aux manières de tartuffe ils répondent par le style.

Les ludistes mettent à bas le protocole.

Et font de toute responsabilité un champ d'expérimentations.

Si le but du progrès humain est la fin des violences sur Terre, alors les ludistes travaillent au progrès humain.

Si le but du progrès social est la fin des injustices systémiques, alors les ludistes travaillent au progrès social.

Nous préférons la méthode à la méthodologie.

Et la révolution au révolutionnarisme.

Nous cultivons l'art et l'intelligence de l'improvisation.

Nous sommes des jazzmen dans l'âme.

Dans une société de contrôle permanent nous nous voulons incontrôlables.

Nous jouons notre propre jeu et non celui qui nous est imposé.

Nous nous efforçons d'être les plus imprévisibles possibles pour l'autorité.

L'imprévisibilité est notre stratégie la plus sûre face à l'emprise du pouvoir.

Au milieu du sentier tu repères un scarabée sur le dos, moulinant désespérément de ses six pattes.

Tu le retournes en lui conseillant de prendre garde aux coureurs fous qui passent par là.

Qui, à part toi, se soucie des scarabées sur le dos ?

Drame des hiérarchies modernes, de la responsabilisation des inaptes.

Sur le texte parfait d'un auteur intervient un correcteur inapte.

Le correcteur croit corriger des fautes qui n'en sont pas, ajoute des virgules où il n'en faut pas, pour se convaincre de son statut de correcteur.

Sabotant le texte parfait de l'auteur, qui doit alors assumer des fautes qu'il n'a pas faites.

À moins que certains ne parviennent à tolérer la perfection, qui ne serait pas assez humaine à leur goût…

Comme le peintre qui confie le transport de ses toiles au poissonnier, l'écrivain qui laisse son manuscrit aux bons soins d'analphabètes risque gros.

Si chacun pouvait être et rester à *sa* place, peut-être tout le monde y gagnerait-il…

Nous aimons ce qui est caché.

Nous aimons ce qui est imprenable.

Nous nous battons pour des abstractions.

Je traverse la forêt avec l'image de ton ventre nu.

Je veux me rendre le plus discret possible pour faire vivre cette image.

Les branches mortes ne cessent de craquer sous mes pieds.

J'aimerais avancer en silence pour laisser le songe se préciser.

Mais on m'a piégé.

⁂

Nous nous battons parce que nous savons que nous avons déjà perdu.

Sinon nous ne nous battrions pas : nous négocierions.

Le combat est d'autant plus motivant que la victoire est improbable.

⁂

Quelque chose s'est rompu.

Une époque est passée.

Mais d'autres corps se sont noués.

Dans le secret des ramures.

⁂

Je suis dans les airs, porté par mon regard.

Quel étrange bonheur.

Privilège.

Je sais qu'un seul battement de cils peut me coûter mon pouvoir de voler.

Il faut rester concentré, me dis-tu.

⁂

Chat noir décharné, à la tête triangulaire et aux yeux de junkie, qui s'en va pisser contre la porte de l'église.

Grand lévrier arabe qui défèque loyalement à l'entrée d'une agence bancaire.

C'est cela, l'intransigeance animale.

Qu'il nous est parfois impératif de retrouver.

Dans un monde saturé de manières et de procédures.

Où la technocratie a zombifié les hommes.

⁂

Je te vois passer sous mes fenêtres.

Je chausse mes lunettes, ce n'est pas toi.

C'est presque toi.

Trésors de rue, livrés aux âmes sauvages.

Que contient cette bande magnétique qui volette au vent ?

Triturée par les gamins, s'emmêlant dans les pieds des vieillards.

Un morceau de rock fédérateur, à l'origine de milliers de rencontres amoureuses.

Jeté avec les souvenirs encombrants d'une vie à espérer.

⁂

Nous faisons revivre ce morceau de rock.

Quelque chose s'empare de nous, du monde autour.

Un vent se lève.

Résurgence des instincts de danse.

Les gens se taisent et se trouvent.

Toi et moi, nous sommes à l'avant-garde de leur amour.

Je te retrouve cette nuit dans la ville sans nom.

La ville mouvante.

Vous marchez sans but.

Vous passez pour la deuxième fois au même endroit, les choses ont changé.

Vous y passez une troisième fois, les choses sont redevenues comme lors de la première.

À la quatrième fois, elles reprennent l'aspect de la deuxième, et ainsi de suite.

De sorte que vous ne pourrez jamais retrouver tout à fait deux fois de suite le même endroit.

Elle est la ville des métamorphoses arithmétiques, du confort impossible.

Si je te perds de vue dans tel endroit, il est possible que je t'y retrouve *changé* la fois suivante.

Je ne pourrais que t'y retrouver par hasard, en ayant oublié de calculer.

Ma faculté de concentration ne m'aiderait pas.

Il faut savoir lâcher prise.

Le bec d'une cigogne pique en long et en large le fond de l'étang.

Les mains calleuses du maroquinier modèlent amoureusement une pièce de cuir.

Nous n'avons pas besoin de spectacle.

Observer l'animal, regarder faire l'artisan.

Voilà nos divertissements préférés.

Le reste n'est que littérature et religion.

Le reste n'est que mensonge élaboré.

⁂

De ta chambre je descends en rappel.

Je croise toutes sortes de gens pensifs aux fenêtres de l'immeuble.

Les vapeurs de ton corps m'étourdissent encore.

On dirait que ces gens songent tous à la même chose : sortir d'un *état de fait*.

Je reconnais un air baroque étudié au solfège alors que j'étais adolescent.

Un air de Jean-Philippe Rameau — ou est-ce de Händel ?

Rendu inaudible par les grésillements d'une mauvaise radio.

Quelle injustice…

Enfants des Lumières, de la *chute du Mur*.

Nous avons fait vivre le rêve européen comme nous avons pu.

La paix est si précaire chez ceux qui ne manquent de rien.

Elle est le privilège des peuples et le malheur des hommes de pouvoir.

Pourquoi s'occuper par le conflit plutôt que par la paix ?

Pourquoi le progrès technique mène-t-il invariablement au recul du progrès humain ?

Ces hommes détruisent car ils sont incapables de construire.

L'égalité les terrifie.

Ils voudraient habiter sans cohabiter.

Ils croient impressionner le monde alors que le monde les plaint.

⁂

Je te convoque dans le rêve.

Ramage provençal.

Gamme chromatique du littoral varois.

Est-ce le cap Lardier qu'on aperçoit ?

Empoigner les noix de cyprès.

Regagner la garrigue.

Occuper l'ombre de l'arbre aux guêpiers.

Je reçois ton regard assassin.

Je sais qu'il ne m'est pas destiné personnellement.

C'est au monde que tu l'adresses.

Mon regard absorbe le tien et l'adoucit.

Tu m'obsèdes.

⁂

Je repense à ces seuls mots que je t'ai laissés : *Fais ce qui doit être fait.*

Ai-je été assez clair ? assez évasif ?

⁂

Pouvoir se le permettre ou pas, telle est la question.

Fouler le *no man's land* entre *proposer* et *imposer*.

Nous perdons le fil par curiosité.

Nous nous laissons trop facilement déconcentrer, distraire.

Par le bruit et le bavardage.

Les mots coupent notre élan.

Ils sont d'une toxicité insoupçonnée.

Les mots des uns nous émancipent tandis que les mots des autres nous brident.

Les mots des uns amorcent les révolutions tandis que les mots des autres les empêchent.

Que tous se taisent.

S'occuper.

Les mains et l'esprit.

Voilà en substance ce que chacun recherche.

Le désir amène à la création.

Désir de conquête et d'association.

Violence animale convertie en savoir-faire.

Culture vitale.

Travail vital.

Le rêve guérit.

Le sport console.

La musique sauve.

Ils renouvellent l'être.

Ils maintiennent la paix.

Nous permettent de *cohabiter*.

Le risque est vital.

Le corps est une forteresse.

Les gens n'évoluent pas.

Ils ressassent des espoirs datés.

Figés dans une époque perdue, fantasmatique.

Tournant en rond sur les moments fondateurs de leur personne.

Pétris de lubies et d'illusions.

Répétant les mêmes petites victoires pour ne pas voir le gros échec.

Déphasés, moyens, convenables.

Ils se satisfont d'eux-mêmes.

Ils me gênent, me font un peu peur.

Mais je les admire pour leur détachement.

Comprendre, tel est notre besoin premier.

Dépasser la croyance, dépasser la certitude.

Pédagogie salvatrice.

Savoir pour tous.

Paix.

C'est le grand Laisser-aller.

Les communicants règnent : ils se sont substitués aux artistes, aux politiques, aux journalistes.

On ne produit plus, on communique.

La course au confort dégénère.

Les mendiants se syndiquent : ils exigent de l'État des banquettes de mendicité, puis des sièges nominatifs.

On crée l'Aumône Publique Minimum et on accuse les mendiants de surmendicité.

La rue est devenue l'hospice du pays.

Une guerre civile éclate entre les mendiants authentiques et les mendiants professionnels.

Les premiers étant sincèrement pauvres et les seconds pratiquant le racket affectif.

Certains parlent de « sélection naturelle », d'autres de « crise de la productivité ».

Pour une fois les marchands d'armes sont dépassés : ces violences ne feront pas leur fortune.

Grimper aux arbres, lire Épictète, c'est tout ce qu'il nous reste.

En attendant que l'on remette le Travail au goût du jour.

À cet arrêt j'ai attendu un bus qui n'est jamais arrivé.

Était-ce le bon horaire ? la bonne ligne ?

Il n'y avait là personne à qui demander.

Alors j'ai commencé à perdre patience, à me révolter contre l'attente subie.

Mais les gens d'ici m'ont appris à accepter l'attente.

Car l'attente acceptée permet le non-attendu.

Et c'est avec le non-attendu qu'on résout l'attente.

En effet, alors que j'attendais ce bus qui n'est jamais arrivé, un couple de pies rossiniennes est venu à ma rencontre.

L'air de rien, elles m'ont confirmé la raison de mon attente.

Puis une brise, un parfum d'hélichryse, m'ont félicité de ma patience.

Peut-être le bus est-il passé précisément au moment où j'ai été distrait par ces oiseaux facétieux ?...

Quoi qu'il en soit, je ne regrette aucunement d'avoir attendu.

Car de l'attente subie du bus est née la fierté d'une plus grande attente.

Celle d'une confirmation supplémentaire.

Je te dis que je n'ai pas d'âge.

Parce que l'âge est déterminé par le temps et que je n'admets pas le temps comme une contrainte.

Mon époque n'a pas d'âge à me donner car je ne lui appartiens pas.

Je n'appartiens à aucune époque dès lors que je considère le temps comme le moyen d'un renouvellement permanent de soi.

Je renais chaque jour comme le disque solaire poussé par le scarabée sacré.

J'ai l'âge de ma volonté avant d'avoir l'âge de mon corps.

Et celui qui éternellement veut est éternellement jeune.

Le segment de ma vie n'est pas déterminé par le temps mais par ma volonté que je lègue au monde.

Je vous aime, je vous aime indifféremment.

Faites ce qui doit être fait.

Dans la chênaie une vigne à l'abandon.

Envahie par les graminées et les carottes sauvages.

Nous sommes la rencontre du Nord et du Sud.

Nous cheminons pour la survie de l'esprit.

De la précision à la confusion.

Fuyant l'horreur mathématique du siècle.

Une poignée de dattes à partager.

Tes doigts au goût de caramel.

Je t'adresse une plume noire à pois blancs.

Tombée du ciel comme un cil.

Pique-nique avec un pic épeiche.

Amour de forêt, nous sommes à toi.

N'avons que nos idées à t'offrir.

⁂

Reconnais-tu le bleu du geai ?

Celui des cieux étoilés peints au plafond des temples ?

La couleur ne s'éteint jamais.

Elle se régénère par les passions qu'elle suscite.

Car chaque être qui l'admire lui transmet un peu de sa vitalité.

L'œil qui donne reçoit.

Ainsi marchons-nous.

Plus innocemment que nous le pensons.

Le bleu de geai est couleur de permanence.

Dans l'échange nous vivons et faisons vivre.

Dans l'aventure nous nous réalisons.

Cherchons la permanence de l'échange.

L'essence de ce qui nous lie.

Il n'y a de mystère que dans l'absence apparente de mystère.

Car tout ce qui paraît évident est une construction de l'être pour cacher ce qui ne l'est pas.

L'être étant foncièrement double.

Alternativement l'un et l'autre.

Naïvement sincère et volontairement sincère.

Mais comment nous aimons-nous ?

Nous aimons-nous comme des hommes ou comme des bêtes ?

Ou comme des hommes *et* des bêtes ?

Mais, nous aimons-nous comme des hommes et des bêtes alternativement ou simultanément ?

⁂

Faire un pas de côté.

Se retirer de la ligne du temps.

Momentanément, idéalement.

Rêver d'une villa de maître en surplomb du fleuve.

Du silence d'un verger.

Qui sont les privilégiés ?

Au nom de quoi le sont-ils ?

Sommes-nous des privilégiés en puissance ?

Pouvons-nous nous féliciter du privilège de ne pas en être ?

Caresses de Nubie.

Le granit tiède dans la main.

Reflets de toi.

De ta poitrine de bronze offerte.

Sécurité d'une ombre palmée.

Se livrer au Nil, faire corps avec.

Habiter le sable.

S'éloigner.

Paix.

Si vous me cherchez, sachez que je suis établi *là-où-sourit-le-crocodile*.

Quelque part au nord de la Première Cataracte.

Au pays du granit rose et du laurier-rose.

Je prends part au Conseil des martinets noirs.

J'ai beaucoup à apprendre de ces oiseaux qui jamais ne se posent.

Nous travaillons à la protection et la récompense des humbles.

Nous réfléchissons à ce qui dure.

À ce qui traverse le temps sans s'altérer.

À ce qui fait de l'Homme un homme capable de se renouveler sans se trahir.

Si nous sommes perdus, c'est que nous sommes sur la bonne voie.

Car celui qui se perd se sauve par sa volonté d'orientation.

Alors vient une rencontre.

Alors naît un couple.

Et se perdre n'est plus possible qu'à deux.

ISBN 979-10-981692-1-2

Dépôt légal : avril 2026

Imprimé à la demande par Amazon KDP

rorikdv@gmail.com

—

rorikdv.wordpress.com

www.ingramcontent.com/pod-product-compliance
Lightning Source LLC
LaVergne TN
LVHW090537110826
845146LV00003B/1140

* 9 7 9 1 0 9 8 1 6 9 2 1 2 *